Was
wirklich
zählt
ist

Frieden

!

Friedensgedichte und –ideen

von Michael Steven

Für

Ulla

David und Esther,

die mir Inspiration und Anliegen beim Thema Frieden sind und waren

meinen Vater,

der den Krieg erlebt und gehasst, jedoch nur selten mit mir darüber gesprochen hat

viele meiner Patienten,

die Krieg erlebt haben und mit ihren Erlebnissen leben müssen.

Michael Steven

Mensch

Ehemann

Vater

Dipl. Sozialpädgoge

Psychotherapeut

Entspannungstrainer

Supervisor/Coach

Mediator

Jahrgang 1956. Ich lebe im Ruhrgebiet, der Kulturhauptstadt 2010.

Der Golfkrieg begann während ich im Krankenhaus lag. Jeden Tag sah ich die Entwicklung hin zum Krieg, den Krieg selber und die Gedichte / Ideen entstanden dabei fast automatisch.

Jetzt habe ich mich entschlossen sie zu veröffentlichen, weil ich der Ansicht bin, dass sie zeitlosen Charakter haben und die innewohnenden Botschaften auf alle Kriege, Despoten und Ohnmächtige dieser Welt angewendet werden können.

Außerdem finden Sie im Buchhandel von mir das Buch „Mein Weg zum Supervisor".

Hier hatte ich geplant sollte das Inhaltsverzeichnis stehen, wie in jedem guten Buch.

Doch da dies ein besonders gutes und anderes Buch ist, verzichte ich auf das Inhaltsverzeichnis.

Liebe Leserin und lieber Leser,

Sie sollen in dieses Buch unvorein-genommen hineinkommen, sich durch dieses Buch durchblättern und -lesen und selber überlegen, was ist denn für mich die erste, die zweite, die dritte, die... etc. Seite.

Ihr

Michael Steven

Vorwort

Die Gedanken sind frei
wer kann sie erraten?
Sie fliehen vorbei
wie nächtliche Schatten.
Kein Mensch kann sie
wissen,
kein Jäger erschießen
mit Pulver und Blei:
Die Gedanken sind frei!

Dies ist die erste Strophe eines alten Liedes, das ich in der Jugend- und vor allem Studentenzeit oftmals mit anderen gemeinsam gesungen habe.

Die Gedanken sind frei, dass war und ist doch etwas sehr Beglückendes: Ich kann es mir erlauben –über den eigenen Tellerrand hinaus – zu denken, mir die Freiheit zu nehmen, über mich, meine Umwelt, diese Welt an sich, mir meine Gedanken zu machen.

In unserer Welt, die immer mehr zusammenrückt, ist das meiner Ansicht nach unerlässlich.

Und was einen hohen Stellenwert haben sollte auf dieser Welt, das ist doch nun wirklich Frieden: Ohne Frieden keine Weiterentwicklung, nicht in menschlicher, nicht in wissenschaftlicher, nicht in sozialer und auch nicht in wirtschaftlicher Hinsicht.

Krieg ist für mich Stagnation und Rückschritt.

Frieden ist nicht ein Friede-Freude-Eierkuchen-Gefühl, sondern Frieden muss kämpferisch, kritikfreudig, entwicklungsfähig und auseinandersetzungsbereit sein und bleiben.

Dazu will ich mit diesen meinen Gedichten und Ideen beitragen.

Dabei ist zu beachten, was in dem alten Bürgerlied wie folgt zu finden ist:

Aber ob wir Neues bauen,
Oder Altes nur verdauen,
Wie das Gras verdaut die Kuh;
Ob wir in der Welt was schaffen,
Oder nur die Welt begaffen,
Das tut, das tut was dazu.

Ob im Kopfe etwas Grütze
Und im Herzen Licht und Hitze,
Dass es brennt in einem Nu,
Oder ob wir hinter Mauern
Im dunkeln träge kauern,
Das tut, das tut nichts dazu.

Ob wir rüstig und geschäftig,
Wo es gilt zu wirken kräftig,
Immer tapfer greifen zu;
Oder ob wir schläfrig denken
Gott wird's wohl im Schlafe schenken,
Das tut, das tut was dazu!

In diesem Sinne eben nicht nur die Welt begaffen, sondern sich zu überlegen etwas mit und für die Welt zu schaffen. So freuen Sie sich denn auf unterschiedliche Ideen zum Thema Frieden. Begleitet werden diese von Bildern, die zum einen sehr gut zu den Ideen und Gedichten passen, zum anderen aber auch zum Nachdenken, über die Gedichte/Ideen hinaus, anregen und einladen wollen/sollen.

„Ein Bild sagt mehr als tausend Worte!"

Insofern sollen die Bilder helfen, die eigenen Gedanken beim Betrachten weiterentwickeln zu können, eigene Ideen und Überlegungen zum Friedensthema zu formulieren.

Und auch dafür ist etwas Platz im Buch gelassen worden: Wer spontan seine Ideen aufschreiben oder auch nur Stichworte machen möchte findet im Buch verstreut freien Platz für die eigenen Ideen und Gedanken.

Das Buch will Anstoß sein, vertieft über das Friedensthema nachzudenken: Über den Frieden in meiner Umgebung, in der Welt, in kleinen und großen Zusammenhängen.

So nutzen Sie es zur Entspannung, zum kreativen Impuls oder für die eigene Auseinandersetzung mit dem wichtigen Friedensthema.

Diese Gedichte und Ideen sind bereits im Frühjahr 2003 entstanden, doch sie sind und bleiben zeitlos – wie das Thema Frieden überhaupt.

Viel Aha und Anregung

wünscht

Michael Steven

Bagdad, Irak, Februar 2003

M E N S C H E N...

...haben wenig zu essen!

...erhalten kaum Bildung!

...leiden unter mangelhafter medizinischer Versorgung!

...werden unterdrückt!

...sind unfrei!

...werden von Außen bedroht!

...werden von Innen bedroht!

FAZIT:

Eine zivilisierte Gesellschaft

wird solchen Menschen nicht

den Krieg erklären.

Es auch gar nicht können -

ohne sich ins Abseits der

Weltgemeinschaft zu stellen!

michael steven

Rede von Bundesaußenminister Fischer in der öffentlichen Sitzung des Sicherheitsrats der Vereinten Nationen zur Situation in Irak und Kuwait, New York, 07.03.2003

Herr Präsident,

ich danke Dr. Blix und Dr. El Baradei für die Erläuterungen zu dem Quartalsbericht. Beide können auf die volle Unterstützung Deutschlands zählen. Das Ziel der internationalen Gemeinschaft bleibt die vollständige Abrüstung - und nur die Abrüstung – des Irak, um die internationale Bedrohung durch irakische Massenvernichtungswaffen endgültig zu beseitigen. So ist es in allen relevanten SR-Resolutionen festgelegt. Jetzt geht es um die Einheit der internationalen Gemeinschaft. Unsere Haltung beim Kampf gegen den internationalen Terrorismus ist geschlossen. Gemeinsam bekämpfen wir die Verbreitung von Massenvernichtungswaffen. Und wir sind uns einig bei der Verurteilung des irakischen Regimes. Unterschiedlicher Meinung sind wir bei der Strategie, wie die wirksame und vollständige Abrüstung des Irak erzielt werden kann. Der Sicherheitsrat darf nichts unversucht lassen, einen gemeinsamen Ansatz zur Erreichung unseres gemeinsamen Ziels zu finden. Die Darlegungen von Dr. Blix und Dr. El Baradei haben erneut deutlich gemacht: Die Kooperation des Iraks mit UNMOVIC und IAEO entspricht den UN-Vorgaben immer noch nicht in vollem Umfang. Bagdad hätte viele der unlängst getroffenen Maßnahmen früher und bereitwilliger ergreifen können. In den letzten Tagen hat sich die Kooperation allerdings spürbar verbessert. Dies ist eine positive Entwicklung. Umso weniger ist es zu verstehen, wenn diese Entwicklung jetzt abgebrochen werden soll. In der Sache gibt es bei der Umsetzung der relevanten Sicherheitsrates-Resolutionen auf allen Gebieten Fortschritte zu verzeichnen: Im Bereich der Trägertechnologie gibt es deutliche Fortschritte. So hat der Irak die Inspekteure über seine Al-Samoud-Raketen informiert. Nach der Überprüfung durch UNMOVIC wurde festgestellt, dass ihre Reichweite zu groß war. Nachdem Dr. Blix dem Regime in Bagdad eine Frist zur Zerstörung gesetzt hat, begann der Irak fristgerecht mit der Vernichtung der Raketen. Dies ist ein wichtiger Fortschritt. Er zeigt, dass eine friedliche Entwaffnung möglich ist, dass es eine tatsächliche Alternative zum Krieg gibt. Diese positive Entwicklung zeigt auch, dass die Methode von Hans Blix, dem Regime in Bagdad konkrete Zeitvorgaben zu geben, zum Erfolg führt. Sie sollte auch bei anderen offenen Problemen Anwendung finden. In der Frage eines eventuellen irakischen Nuklearpotentials können wir große Fortschritte feststellen. Dies hat Dr. El Baradei uns bestätigt. Die vom Irak vorgelegten Darstellungen sind plausibel und verifizierbar. Die Kooperation bei den Inspektionen ist gut. Die IAEO ist zuversichtlich, in Kürze zu abschließenden Ergebnissen zu kommen. Bei den Biowaffen gab es in Einzelbereichen ebenfalls Fortschritte: So etwa bei der Ausgrabung zahlreicher R-400-Bomben, die nun von UNMOVIC bewertet wird. Bagdad hat einen umfassenden Bericht zu offenen Fragen im Bereich biologischer und chemischer Waffen angekündigt. Die Interviews mit irakischen Wissenschaftlern finden mittlerweile ohne Kontrolle oder Bandaufzeichnung statt. Die Durchführung von Interviews im Ausland wird vorbereitet.

Herr Präsident, Frankreich, Russland und Deutschland haben dem Sicherheitsrat am 24.2. ein Memorandum vorgelegt, das ein straffes Regime intensiver Inspektionen vorschlägt. Auf Grundlage dieser Vorschläge könnten die

Inspektionen jetzt verstärkt und beschleunigt werden. Dafür müssen die noch ausstehenden Probleme einzeln spezifiziert und Prioritäten festgelegt werden. Für die Lösung eines jeden Problems sollte dabei eine Zeitschiene vorgegeben werden. Deshalb sollten Dr. Blix und Dr. El Baradei uns ein detailliertes, umfassendes Arbeitsprogramm vorlegen, das klärt, wie sie und ihre Teams die von den VN geforderte vollständige Entwaffnung des Irak angehen wollen. Es ist von großer Bedeutung, dass dieses Arbeitsprogramm dem Sicherheitsrat ohne Verzögerung vorgelegt wird. Schon für heute wünschen wir uns eine Aussage der Inspekteure, welches die „remaining key disarmament issues" in dem bereits fertig gestellten Cluster Report sind. Die Inspektionen können nicht endlos fortgesetzt werden. Das Ziel der Abrüstung des Irak muss energisch und systematisch verfolgt werden. Die irakische Regierung muss in vollem Umfang mit den Inspekteuren zusammen-arbeiten. Aber angesichts der aktuellen Lage und der laufenden Fortschritte sehen wir keinerlei Notwendigkeit für eine zweite Resolution. Warum sollte man den eingeschlagenen Weg gerade jetzt verlassen, wo die Inspektionen auf Grundlage der Resolution 1441 tragfähige Ergebnisse zeigen?

Herr Präsident, zum dritten Mal innerhalb eines Monats kommt der Sicherheitsrat jetzt auf Ministerebene wegen der Irakkrise zusammen. Dies beweist die Dringlichkeit, die wir der Entwaffnung des Irak und einer drohenden Kriegsgefahr beimessen. Die Krise im Irak bewegt unsere Regierungen, sie bewegt die Menschen in unseren Ländern. Sie bewegt die gesamte Region des Nahen und Mittleren Ostens. Gerade angesichts dieser Dramatik müssen wir uns immer wieder eindringlich vor Augen führen, was ein Krieg bedeuten würde. Welches unendliche Leid er für zahllose unschuldige Menschen bringen würde. Welche katastrophalen humanitären Folgen er nach sich zöge. Sind wir wirklich in einer Situation, die die "ultima ratio", das allerletzte aller Mittel, zwingend erforderlich macht? Ich meine nein, denn die friedlichen Mittel sind keineswegs erschöpft. Der Sicherheitsrat, wir alle stehen vor einer wichtigen Entscheidung, wahrscheinlich einem historischen Wendepunkt. Die Alternativen sind klar: Abrüstung des Iraks durch Krieg oder Abrüstung durch Ausschöpfung aller friedlichen Mittel. Die Risiken der militärischen Option stehen uns allen vor Augen. Vieles spricht dafür, dass die Region durch einen Krieg nicht stabiler, sondern noch instabiler wird – und zwar für eine lange Zeit; dass der internationale Terrorismus stärker und nicht geschwächt wird;

dass unser gemeinsames Bemühen um eine Lösung der Regionalkonflikte weiter erschwert wird. Hingegen die Alternative: Gelingt es uns, die effektive und vollständige Abrüstung des Irak mit friedlichen Mitteln durchzusetzen, werden sich die Voraussetzungen für einen regionalen Prozess der Stabilität, der Sicherheit und Zusammenarbeit verbessern, aufbauend auf Gewaltverzicht, der Rüstungskontrolle und eines kooperativen Systems vertrauensbildender Maßnahmen.

Herr Präsident, die Resolutionen 1441 und 1284 zeigen dem Sicherheitsrat einen klaren Weg auf. Sie müssen weiterhin Grundlage unseres Handelns bleiben. Die Fortschritte der letzten Tage haben es klar gemacht: Wir haben wirksame Alternativen zum Krieg. In dem wir diesen Weg gehen, werden wir die Relevanz der Vereinten Nationen und des Sicherheitsrats stärken.

Ich danke Ihnen

"Der Tyrann wird bald weg sein"

US-Präsident George W. Bush stellt in einer Fernsehansprache Iraks Diktator Saddam Hussein ein letztes Ultimatum und kündigt den Krieg an

(18. 03. 2003)

Meine Mitbürger, die Ereignisse in Irak haben jetzt die letzten Tage der Entscheidung erreicht. Seit mehr als einem Jahrzehnt haben die Vereinigten Staaten und andere Nationen geduldige und ehrenhafte Versuche unternommen, um das irakische Regime ohne Krieg zu entwaffnen. Dieses Regime hat als Bedingung für das Ende des Kriegs am Persischen Golf 1991 versprochen, alle seine Massenvernichtungswaffen offen zu legen und zu zerstören. Seitdem hat sich die Welt in zwölf Jahren der Diplomatie engagiert. Wir haben mehr als ein Dutzend Resolutionen im Sicherheitsrat der Vereinten Nationen verabschiedet. Wir haben Hunderte von Waffeninspekteuren geschickt, um die Abrüstung Iraks zu überwachen.

Unser guter Glaube ist nicht erwidert worden. Das irakische Regime hat die Diplomatie als Mittel genutzt, um Zeit und Vorteile zu gewinnen. Es hat ständig Resolutionen des Sicherheitsrates missachtet, die volle Abrüstung verlangen. Die UN-Waffeninspekteure sind über die Jahre hinweg von irakischen Beamten bedroht, elektronisch belauscht und systematisch getäuscht worden.

Friedliche Bemühungen zur Entwaffnung des irakischen Regimes sind immer wieder gescheitert, weil wir es nicht mit friedlichen Leuten zu tun haben.

Geheimdienstinformationen dieser und anderer Regierungen lassen keinen Zweifel, dass das irakische Regime weiterhin einige der tödlichsten Waffen besitzt und versteckt, die jemals entwickelt wurden. Dieses Regime hat bereits Massenvernichtungswaffen gegen Nachbarländer Iraks und gegen das irakische Volk eingesetzt. Das Regime hat eine Geschichte rücksichtsloser Aggression im Nahen und Mittleren Osten. Es ist von tiefem Hass gegenüber Amerika und unseren Freunden erfüllt und hat Terroristen geholfen, sie ausgebildet und aufgenommen, darunter solchen der Al Qaeda. Die Gefahr ist klar: Mit dem Einsatz chemischer, biologischer oder eines Tages auch nuklearer Waffen, beschafft mit der Hilfe Iraks, könnten die Terroristen ihre erklärten Ziele erreichen und Tausende oder Hunderttausende von unschuldigen Menschen in unserem oder einem anderen Land töten.

Die Vereinigten Staaten und andere Nationen haben nichts getan, um diese Bedrohung zu verdienen oder dazu einzuladen, aber wir werden alles tun, um sie zu besiegen. Anstatt der Tragödie entgegenzutreiben, werden wir einen Kurs in Richtung Sicherheit einschlagen. Ehe der Tag des Schreckens kommen kann, ehe es zu spät zum Handeln ist, wird diese Gefahr beseitigt werden. Die Vereinigten Staaten haben die souveräne Autorität, Gewalt einzusetzen, um ihre eigene nationale Sicherheit zu garantieren. Diese Pflicht obliegt mir als Oberbefehlshaber auf Grund des Eides, den ich geschworen habe, auf Grund des Eides, den ich einhalten werde. Weil er die Bedrohung unseres Landes erkannt hat, hat der Kongress der Vereinigten Staaten im vergangenen

Jahr mit überwältigender Mehrheit dafür gestimmt, den Einsatz von Gewalt gegen Irak zu unterstützen.

Amerika hat versucht, mit den Vereinten Nationen zusammenzuarbeiten, um auf diese Bedrohung zu antworten, weil wir die Frage friedlich lösen wollten. Wir glauben an die Mission der Vereinten Nationen. Ein Grund, warum die Vereinten Nationen nach dem Zweiten Weltkrieg gegründet wurden, bestand darin, aktiv und frühzeitig aggressiven Diktatoren entgegenzutreten, ehe sie Unschuldige angreifen und den Frieden zerstören können. Im Fall Irak hat der Sicherheitsrat in den frühen 1990er Jahren gehandelt. Gemäß der Resolutionen 678 und 687, beide immer noch in Kraft, sind die Vereinigten Staaten und unsere Verbündeten ermächtigt, Gewalt einzusetzen, um Irak von Massenvernichtungswaffen zu säubern. Dies ist nicht eine Frage der Autorität, es ist eine Frage des Willens.

Im September vergangenen Jahres ging ich zur UN-Generalversammlung und mahnte die Nationen der Welt, sich zu vereinen und ein Ende dieser Gefahr herbeizuführen. Am 8. November hat der Sicherheitsrat einstimmig die Resolution 1441 verabschiedet. Er hat festgestellt, dass Irak seine Verpflichtungen im Kern gebrochen hat, und ernsthafte Konsequenzen angekündigt, falls Irak nicht umfassend und sofort abrüstet. Heute kann unmöglich eine Nation behaupten, Irak habe abgerüstet. Und Irak wird nicht abrüsten, solange Saddam Hussein an der Macht ist. Die Vereinigten Staaten und unsere Verbündeten haben sich in den letzten viereinhalb Monaten im Sicherheitsrat darum bemüht, die seit langem feststehenden Forderungen dieses Rates zu erzwingen.

Einige ständige Mitglieder des Sicherheitsrates haben aber öffentlich erklärt, dass sie gegen jede Resolution ihr Veto einlegen werden, die die Abrüstung Iraks erzwingt. Diese Regierungen teilen unsere Bewertung der Gefahr, aber nicht unsere Entschlossenheit, ihr zu begegnen. Viele Nationen besitzen jedoch sehr wohl die Entschlossenheit und Kraft, gegen diese Bedrohung des Friedens vorzugehen, und jetzt sammelt sich eine breite Koalition, um die gerechten Forderungen der Welt zu erzwingen.

Der Sicherheitsrat der Vereinten Nationen ist seiner Verantwortung nicht gerecht geworden, daher werden wir uns der unsrigen stellen. In den jüngsten Tagen haben einige Regierungen im Nahen und Mittleren Osten ihren Teil beigetragen. Sie haben in öffentlichen und vertraulichen Botschaften den Diktator aufgerufen, Irak zu verlassen, damit die Abrüstung friedlich voranschreiten kann. Er hat sich bisher geweigert.

All die Jahrzehnte der Täuschung und Grausamkeit haben nun ihr Ende erreicht. Saddam Hussein und seine Söhne müssen Irak innerhalb von 48 Stunden verlassen. Ihre Weigerung, dies zu tun, wird zu einem militärischen Konflikt führen, der zu einem Zeitpunkt unserer Wahl beginnt.

Alle ausländischen Staatsbürger, Journalisten und Inspekteure eingeschlossen, sollten Irak um ihrer eigenen Sicherheit willen sofort verlassen.

Viele Iraker können mich heute Abend übersetzt in einer Radioübertragung hören, und ich habe eine Botschaft für sie: Wenn wir einen militärischen Feldzug beginnen müssen, wird er gegen die rechtlosen Männer gerichtet sein, die Ihr Land regieren, und nicht gegen Sie. Während unsere Koalition ihnen ihre Macht nimmt, werden wir die Nahrung und Medizin liefern, die Sie brauchen.

Wir werden den Apparat des Terrors niederreißen, und wir werden Ihnen helfen, ein neues Irak zu bauen, dass wohlhabend und frei ist.

In einem freien Irak wird es keine Angriffskriege mehr gegen Ihre Nachbarn geben, keine Giftfabriken, keine Hinrichtungen von Dissidenten, keine Folterkammern und keine Vergewaltigungszimmer. Der Tyrann wird bald weg sein. Der Tag Ihrer Befreiung ist nahe.

Es ist zu spät für Saddam Hussein, um an der Macht zu bleiben. Es ist nicht zu spät für die irakischen Streitkräfte, ehrenhaft zu handeln und ihr Land zu schützen, indem Sie den Koalitionskräften erlauben, zur Ausschaltung von Massenvernichtungswaffen friedlich das Land zu betreten. Unsere Streitkräfte werden den irakischen Militäreinheiten klare Anweisungen zu Handlungen geben, mit denen sie vermeiden können, dass sie angegriffen und vernichtet werden.

Ich rufe jedes Mitglied des irakischen Militärs und der Geheimdienste auf: Wenn der Krieg kommt, so kämpfen Sie nicht für ein sterbendes Regime, das Ihres eigenen Lebens nicht wert ist. Und alle militärischen und zivilen Bediensteten Iraks sollten sorgfältig auf diese Warnung hören: In jedem Konflikt wird Ihr Schicksal von Ihren Handlungen abhängen. Zerstören Sie keine Ölquellen, eine Quelle des Reichtums, die dem irakischen Volk gehört. Befolgen Sie keine Befehle zum Einsatz von Massenvernichtungswaffen gegen wen auch immer, auch nicht gegen das irakische Volk. Kriegsverbrechen werden verfolgt werden, Kriegsverbrecher werden bestraft werden, und es wird keine Verteidigung sein, zu sagen "Ich habe nur Befehle ausgeführt". Sollte Saddam Hussein die Konfrontation wählen, kann das amerikanische Volk wissen, dass jede Maßnahme ergriffen worden ist, um Krieg zu vermeiden, und dass jede Maßnahme ergriffen wird, um ihn zu gewinnen.

Die Amerikaner kennen die Kosten des Konflikts, weil wir sie in der Vergangenheit bezahlt haben. In einem Krieg gibt es keine andere Sicherheit als die, dass es

Opfer geben wird. Aber die einzige Art, Schaden und Dauer eines Krieges zu verringern, besteht darin, die volle Kraft und Macht unseres Militärs einzusetzen, und wir sind darauf vorbereitet, dies zu tun.

Wenn Saddam Hussein versucht, sich an die Macht zu klammern, wird er bis zum Ende ein Todfeind bleiben.

In der Verzweiflung könnten er und terroristische Gruppen versuchen, terroristische Operationen gegen das amerikanische Volk und unsere Freunde auszuführen. Diese Anschläge sind nicht unvermeidlich. Sie sind aber sehr wohl möglich. Und gerade diese Tatsache unterstreicht, warum wir nicht unter der Drohung von Erpressung leben können. Die terroristische Bedrohung für Amerika und die Welt wird in dem Augenblick verringert, in dem Saddam Hussein entwaffnet wird. Unsere Regierung befindet sich in erhöhter Wachsamkeit gegenüber diesen Gefahren. Während wir uns anschicken, einen Sieg in Irak zu sichern, ergreifen wir weitere Maßnahmen, um unsere Heimat zu schützen.

In den vergangenen Tagen haben die amerikanischen Behörden bestimmte Personen ausgewiesen, die Verbindungen zu irakischen Geheimdiensten haben. Neben anderen Maßnahmen habe ich zusätzliche Sicherheitsvorkehrungen auf unseren Flughäfen und verstärkte Patrouillen der Küstenwache in den größeren Seehäfen angeordnet. Das Ministerium für Innere Sicherheit arbeitet eng mit den Gouverneuren der Nation zusammen, um in ganz Amerika die bewaffnete Sicherheit in kritischen Einrichtungen zu erhöhen.

Sollten Feinde unser Land angreifen, würden sie versuchen, durch Panik unsere Aufmerksamkeit abzulenken und unsere Moral durch Angst zu schwächen. Darin würden sie scheitern. Keine ihrer Handlungen kann den Kurs verändern oder die Entschlossenheit dieses Landes ins Schwanken bringen. Wir sind ein friedliches

Volk, aber wir sind kein zerbrechliches Volk. Und wir lassen uns nicht von Gangstern und Mördern einschüchtern.

Wenn es unsere Feinde wagen, uns anzugreifen, sehen sie und alle ihre Helfer sich schrecklichen Konsequenzen gegenüber. Wir handeln jetzt, weil die Risiken der Untätigkeit weit größer wären. In einem Jahr, oder fünf Jahren, wäre die Fähigkeit Iraks, allen freien Nationen Schaden zuzufügen, um ein Vielfaches größer. Mit diesen Fähigkeiten könnten Saddam Hussein und seine terroristischen Verbündeten den Augenblick des tödlichen Konflikts wählen, wenn sie am stärksten sind.

Wir entscheiden uns, dieser Bedrohung jetzt zu begegnen, da sie entsteht, ehe sie plötzlich an unserem Himmel und in unseren Städten auftauchen kann. Die Sache des Friedens verlangt, dass alle freien Nationen neue und unbestreitbare Realitäten erkennen. Im 20. Jahrhundert haben einige entschieden, mörderische Diktatoren zu beschwichtigen. Deren Bedrohung konnte sich so zu Völkermord und globalem Krieg auswachsen. Wenn sich böse Männer in diesem Jahrhundert zu chemischem, biologischem und nuklearem Terror verschwören, könnte eine Appeasement-Politik Zerstörungen hervorbringen, wie sie nie zuvor auf dieser Erde erlebt wurden. Terroristen und terroristische Staaten legen diese Drohungen nicht in formellen Erklärungen mit einer fairen Ankündigung offen. Es ist keine Selbstverteidigung, wenn man auf solche Feinde erst dann antwortet, wenn sie zuerst zugeschlagen haben. Es ist Selbstmord. Die Sicherheit der Welt erfordert, dass Saddam Hussein jetzt entwaffnet wird. Indem wir die gerechten Forderungen der Welt durchsetzen, werden wir auch den höchsten Verpflichtungen unseres Landes nachkommen. Im Unterschied zu Saddam Hussein glauben wir, dass das irakische Volk menschliche Freiheit verdient und dazu fähig ist. Und wenn der Diktator gegangen ist, kann es im ganzen Nahen und Mittleren Osten ein Beispiel für eine lebendige und friedliche und sich selbst regierende Nation geben.

Die Vereinigten Staaten werden zusammen mit anderen Ländern daran arbeiten, Freiheit und Frieden in dieser Region voranzubringen. Unser Ziel lässt sich nicht über Nacht verwirklichen, aber es kann mit der Zeit kommen. Die Macht und die Anziehungskraft menschlicher Freiheit wird in jedem Leben und in jedem Land gespürt. Und die größte Macht der Freiheit ist es, Hass und Gewalt zu überwinden und die schöpferischen Gaben von Männern und Frauen darauf zu richten, den Frieden zu verfolgen. Das ist die Zukunft, die wir wählen.

Freie Nationen haben eine Pflicht, unser Volk zu verteidigen, indem sie sich gegen die Gewalttätigen vereinen. Und heute Abend akzeptieren Amerika und unsere Verbündeten diese Verantwortung, wie wir es früher auch getan haben.

Gute Nacht, und möge Gott Amerika auch weiterhin segnen.

Das Glaubensbekenntnis des George W. B.

Ich glaube an ein starkes Amerika,
welches allmächtig, groß und überlegen
ist,
an seine Wirtschaftskraft,
seinen Nationalstolz und seinen
Pioniergeist.

Ich glaube an den harten Dollar
und den Fleiß und die Aufrichtigkeit
meiner Landsleute.

Ich glaube an unsere Vormachtstellung in
der Welt und
die Unbeugsamkeit der Regierung und
ihrer Politiker.

Ich glaube an die Schlagkraft unserer
Armeen
und die Durchschlagskraft und Präzision
unserer Bomben
und Raketen.

Ferner glaube ich an die Angst unserer
Verbündeten,

die uns treu ergeben sind
und an die Angst der Abgefallenen, die
unsere Missachtung spüren und sich
langfristig für uns entscheiden müssen.

Ich glaube an unsere einzigartige Nation,
die dazu berufen ist, diese Welt zu
beherrschen,
zu ordnen und einzuteilen –
wie wir es für richtig halten –
in Gut und Böse, Schurken und Aufrechte,
Terroristenunterstützer und - verfolger.

Ich glaube ganz fest an unsere Mission,
das Böse in der Welt zu eliminieren
und das Gute, was immer das auch sei,
zu hegen und zu pflegen.

Ich glaube an den Frieden in der Welt,
durch uns.

Ich glaube an Pax Americana.

Einen Frieden, wie wir ihn für die Welt
immer haben wollten.

michael steven

Ein einfältiger Mann fragte einen Gewappneten, was er vorhätte.

Der antwortete, er wolle in den Krieg ziehen.

Was tun?

Leute umbringen. Städte und Dörfer anstecken.

Warum?

Auf dass man Frieden habe.

Antwortete jener:

Warum macht man dann nicht Frieden, ehe man solche Untat anrichtet?

Hier ist Platz für Ihre Ideen und Gedanken

Was ist, wenn...

Sie kommen als Befreier
und werfen High-Tech-Bomben!
Was ist, wenn es die nicht gibt?
Dann würden sie Granaten, Bomben, Raketen
anderer Art nehmen!
Was ist, wenn es die nicht gibt?
Dann würden sie Schnellfeuerwaffen und
Gewehre nehmen!
Was ist, wenn es die nicht gibt?
Dann würden sie Pfeil, Bogen, Lanzen und Speere
nehmen!
Was ist, wenn es die nicht gibt?
Dann würden sie den Faustkeil und die blanke Faust
nehmen!
Was ist, wenn sie auch das nicht tun?
Dann müßten sie reden
und reden
und reden
und verhandeln
und würden wirklich, friedlich etwas verändern.
MERKE:

Besinnung auf das
Einfache,
Naheliegende,
macht
das Leben
menschlicher.

michael steven

Es gibt niemals einen guten Krieg oder einen schlechten Frieden!

Weil Krieg niemals gut und Frieden niemals schlecht ist!

Benjamin Franklin

Friedensregeln (I)

Fremdes tolerieren!

Recht herstellen!

Individualität bewahren!

Entgegenkommen zeigen!

Deutlich sein!

Es immer wieder neu versuchen!

Niemals aufgeben!

Sich für andere Menschen einsetzen!

Ruhe bewahren!

Erziehen zum Frieden!

Gespräch suchen!

Engagement zeigen!

Lustvoll leben!

Nachbarn akzeptieren!

michael steven

STELLENANZEIGE

Wir suchen junge, dynamische, sportliche Leute.

Allerdings: computererfahren und joystickgewohnt solltest du schon sein. Wer sich immer schon für echte Ziele begeistert hat, bekommt jetzt die einmalige Chance!

Sag: JA, ich werde

BOMBENNAVIGATOR
im High-Tech-Krieg!

Garantiert ist eine gute Bezahlung, weit weg vom Kampfgebiet, erstklassige Bildqualität zur zielgenauen Bestimmung der Bomben!

Was fehlt ist Dein Finger am Knopf - Verteidige mit uns Frieden und Freiheit!!

Melde Dich!!!

Die High-Tech-Kriegsarmee

michael steven

Frieden ist machbar, Herr Nachbar!

Krieg mich, ich bin der

Frieden!

Kauft Frieden!

Er ist bald alle...

Politiker, lasst die Welt in Frieden!

Lieber der hässlichste Frieden als der schönste Krieg.

Graffiti

Was passiert wenn...

...Saddam Hussein tot ist?
...Saddam Hussein fliehen kann?
...es dann immer noch Unruhen gibt?
...die Bevölkerung mit Demokratie nichts
anfangen kann?
...die Befreier als Besatzer erlebt werden?
...sich Selbstmordattentate häufen?
...es niemanden gibt, der überhaupt
Verantwortung übernehmen will?

Doch es ist high-noon
und Amerika sagt:
"Erst schießen, dann reden!"

Nur worüber

und

mit wem dann noch?

michael steven

USA

Demokratie, Frieden, Freiheit in der
Welt,
werden von ihnen hergestellt.
Der Wirtschaftskoloss hat die Macht
weshalb er Recht mit Bomben
schafft!?
Die Weltpolizei wollen sie sein
Fordern: "Laßt uns nicht allein!"
Verteidiger der Freiheit!
Richter der Welt!
Im eigenen Land herrscht
Ungleichheit,
deshalb sehen sie sich gerne so
dargestellt.

michael steven

VÖLKERRECHT

Zerbrecht reimt sich auf Völkerrecht:
Zerbrecht doch mal das Völkerrecht!
Zu recht oder zu unrecht?
Schlecht, ganz schlecht:
Zerbrochenes Recht
ist nicht gerecht.
ZerbrochenesVölkerrecht ist
schlecht
und
ungerecht.

michael steven

IM FRIEDEN IST DER MENSCH AM BESTEN.

Rede von Bundesaußenminister Fischer vor dem Sicherheitsrat der Vereinten Nationen, New York, 19.03.2003

Herr Präsident,

ich danke der Präsidentschaft des Sicherheitsrats für ihre gute Arbeit in diesen schwierigen Tagen. Der Sicherheitsrat versammelt sich heute in einer dramatischen Situation. In diesen Stunden steht die Welt unmittelbar vor Beginn eines Krieges im Irak. In dieser Situation kann der Sicherheitsrat nicht schweigen. Mehr denn je gilt es heute, seine Funktion zu wahren und seine Relevanz zu erhalten. Um dies zu unterstreichen, sind wir heute erneut in New York zusammen-gekommen. Die Entwicklungen der letzten Stunden haben die internationale Lage grundlegend verändert und die Arbeit der Vereinten Nationen vor Ort zum Erliegen gebracht. Diese Entwicklung gibt Anlass zu tiefster Sorge. Dennoch will ich Dr. Blix für seine Erläuterungen zum Arbeitsprogramm danken. Deutschland unterstützt seinen Ansatz auch unter den jetzigen Umständen uneingeschränkt. Das Arbeitsprogramm mit seiner realistischen Beschreibung der noch offenen Abrüstungs-fragen liegt jetzt vor uns. Es ist eine klare und überzeugende Handlungsanweisung zur friedlichen Abrüstung des Iraks binnen kurzer Frist. Es ist mir wichtig, diese Tatsache gerade am heutigen Tag zu unterstreichen. Entlang dieser Vorgaben mit engen Fristen ist die friedliche Abrüstung des Iraks möglich. Die friedlichen Mittel sind also nicht erschöpft. Auch und gerade deshalb lehnt Deutschland den drohenden Krieg entschieden ab. Wir bedauern zutiefst, dass unsere großen Anstrengungen, den Irak nach SR-Resolution 1441 mit friedlichen Mitteln zu entwaffnen, nicht zum Erfolg zu führen scheinen. Zusammen mit Frankreich und Russland haben wir in den letzten Wochen immer wieder Vorschläge für ein effizienteres Inspektionsregime mit klaren, terminierten Abrüstungsschritten gemacht – zuletzt noch am 15. März. Auch andere Mitglieder haben dazu konstruktive Vorschläge bis in die letzten Stunden der Verhandlungen hinein vorgelegt. Wir sind ihnen für ihre Bemühungen dankbar. In den vergangenen Tagen sind wir unserem gemeinsamen Ziel, der Gefahr irakischer Massenvernichtungswaffen durch vollständige und umfassende Rüstungskrontrolle wirksam zu begegnen, deutlich näher gekommen. Gerade in jüngster Zeit gab es substantielle Fortschritte in der Abrüstung. Die Verschrottung der Al-Samoud-2-Raketen machte Fortschritte, mittlerweile sind 70 davon zerstört. Und das Regime in Bagdad beginnt unter Druck, die offenen Fragen zu VX und Anthrax aufzuklären. Die Kooperationsbereitschaft des Irak war nicht zufrieden stellend, sie verlief zögerlich und langsam, darüber besteht im Rat Einigkeit. Aber kann dies allen Ernstes ein Grund für einen Krieg und all seine schrecklichen Folgen sein? Es besteht kein Zweifel daran, dass Bagdad gerade in letzter Zeit stärker zu kooperieren begann. Die irakischen Informationen an

UNMOVIC und IAEO sind Schritte in die richtige Richtung. Die Vorgaben der SR-Resolutionen werden mehr und mehr erfüllt. Warum aber sollte man jetzt – gerade jetzt – den Plan aufgeben, den Irak mit friedlichen Mitteln zu entwaffnen? Die Mehrheit der Mitglieder des Sicherheitsrats ist der Meinung, dass es keinen Grund gibt, den Abrüstungsprozess unter der Kontrolle der Vereinten Nationen jetzt abzubrechen. Lassen Sie mich vor diesem Hintergrund drei Punkte klarstellen:

Der Sicherheitsrat hat nicht versagt. Wir müssen dieser Legende entgegen wirken. Der Rat hat die Instrumente bereitgestellt, um Irak friedlich abzurüsten. Für das, was außerhalb der VN geschieht, ist er nicht verantwortlich.

Wür müssen klar feststellen: Unter den gegebenen Umständen hat die Politik der Militärintervention keine Glaubwürdigkeit. Sie wird nicht von unseren Bevölkerungen unterstützt. Wenig hätte es bedurft, um die Geschlossenheit des Sicherheitsrates herzustellen. Für einen Regimewechsel mit militärischen Mitteln gibt es in der Charta der VN keine Grundlage.

Wir müssen das Inspektionssystem erhalten und das Arbeitsprogramm indossieren, denn wir werden beides auch nach Beendigung von militärischen Kampfhandlungen brauchen. Die Resolutionen 1284 und 1441 sind nicht aufgehoben, auch wenn es einiger Anpassungen bedarf.

Herr Präsident, Deutschland ist überzeugt, dass die Vereinten Nationen und der Sicherheitsrat weiterhin die zentrale Rolle im Irakkonflikt spielen müssen. Dies ist für die Ordnung in der Welt von entscheidender Bedeutung und muss auch für die Zukunft gelten. Die VN sind die wichtigste Institution für den Erhalt von Frieden und Stabilität und für den friedlichen Interessens-ausgleich in der Welt von heute und morgen. Für ihre friedensbewahrende Funktion gibt es keinen Ersatz. Der Sicherheitsrat trägt die Hauptverantwortung für die Wahrung des Weltfriedens und der internationalen Sicherheit. Die weltweit von Millionen von Menschen verfolgten Verhandlungen über die Irakkrise der vergangenen Wochen und Monate haben gezeigt, wie relevant, wie unverzichtbar, wie alternativlos die friedensstiftende Rolle des Sicherheitsrats ist. Wir brauchen weiterhin ein wirksames internationales Nichtverbreitungs- und Abrüstungsregime, das die Gefahr der Verbreitung von Massenvernichtungswaffen beseitigt und das hierbei entwickelte Instrumentarium nutzt, um die Welt sicherer zu machen. Die Vereinten Nationen sind der einzig richtige Rahmen dafür. Abrüstungskriege können doch allen Ernstes nicht unsere Perspektive sein! Die humanitären Folgen eines Krieges im Irak erfüllen uns mit tiefer Sorge. Es geht jetzt darum, alles nur mögliche zu tun, um eine humanitäre Katastrophe abzuwenden. Der VN-Generalsekretär wird hierzu Vorschläge vorlegen. Der Sicherheitsrat hat gestern seine Bereitschaft erklärt, diese Vorschläge aufzugreifen. Mit dem Oil-for-food-Programm haben die Vereinten Nationen 60% der irakischen Bevölkerung mit dem Lebens-notwendigen versorgt. Diese Erfahrungen müssen auch künftig genutzt werden.

Herr Präsident, eine sehr große Mehrheit der Menschen in Deutschland und in Europa ist voll tiefer Sorge über den drohenden Krieg im der Irak. Unser Kontinent hat die Schrecken des Krieges nur allzu oft erleben müssen. Wer unsere europäische Geschichte kennt, der weiß, dass wir nicht auf der Venus leben, sondern die Überlebenden des Mars sind. Krieg ist furchtbar, er ist eine große Tragödie für die Betroffenen und für uns alle und darf wirklich nur letztes Mittel sein, wenn alle friedlichen Alternativen erschöpft sind. Und dennoch hat Deutschland zweimal in den letzten Jahren die Notwendigkeit des Krieges akzeptiert, weil alle friedlichen Alternativen erschöpft waren: Deutschland hat an der Seite seiner Verbündeten gekämpft, als es im Kosovo darum ging, die massenhafte Vertreibung der albanischen Bevölkerung und einen drohenden Völkermord zu verhindern. Und als es nach den schrecklichen und verbrecherischen An-schlägen auf die Regierung und das Volk der Vereinigten Staaten in Afghanistan darum ging, den Kampf gegen den menschen-verachtenden und gefährlichen Terrorismus der Taliban und von Al Qaida zu führen. Wir werden zu unserer Verpflichtung in diesem Kampf gegen den Terror stehen. Jetzt aber sind wir in Deutschland nicht davon überzeugt, dass es zu militärischer Gewalt als letztem Mittel keine Alternative mehr gibt. Wir sind ganz im Gegenteil der Auffassung, dass die Abrüstung des Irak mit friedlichen Mitteln durchgesetzt werden kann. Daher werden wir jede Chance zum Frieden nutzen, und sei sie auch noch so klein.

Ich danke Ihnen.

Hier ist Platz für Ihre Ideen

Wenn Dir egal ist, wer regiert
verfährt der mit Sicherheit ungeniert.
Wird hier was streichen
dort was kürzen,
sein Programm mit viel Salbei
würzen.
und plötzlich eines Tages,
gibt's Kriegsabenteuer
und keinem ist es mehr geheuer.
Dann geschieht immer mehr,
was man nicht will,
denn wenige nur
überprüften das Ziel.
Drum wache auf,
damit es nicht passiert
und du, von wem weiß ich, wirst
regiert.

michael steven

Demokratie

Tausende Raketen
regnen auf das Land,
bilden einen Gürtel,
ein Vernichtungsband.
Töten viele Menschen,
groß und vor allem klein,
dürfen nicht mehr leben,
haben kein Recht auf Dasein.

Menschen sterben zerrissen und brutal,
Blut fließt dann in Strömen,
Freiheit soll es bringen,
doch dieser Weg ist martial.
Demokratie heißt das Zauberwort,
alle sollen jubeln.
Demokratie gebracht
mit Bombenmacht,
das ist bestimmt nicht zum Jubeln gemacht.

michael steven

Wollen wir in Frieden leben, muss der Friede aus uns selbst kommen.

Jean-Jacques Rousseau

ZYNISTISCHE KRIEGSPRINZIPIEN

1.
DAS ERSTE OPFER DES KRIEGES IST DIE MENSCHLICHKEIT!
2.
DER KRIEG IST EIN CHIRURGISCHER EINGRIFF INS LEBEN. IN DER REGEL WIRD DABEI MEHR WEGGESCHNITTEN ALS NÖTIG.
3.
DAS ZIEL HEISST SIEG, WAS DANACH KOMMT WISSEN WIR NICHT!
4.
UNSERE SOLDATEN VERBREITEN ANGST, SCHRECKEN UND CHAOS. ORDNUNG MÜSSEN ANDERE SCHAFFEN!
5.
DER PRÄVENTIVKRIEG IST IMMER GERECHT, WEIL ER JA VORBEUGEND IST!
6.
HIGH-TECH-WAFFEN VERHINDERN KEINE OPFER. DER "SAUBERE" KRIEG IST IMMER NUR EIN PLANSPIEL, NIE DIE WIRKLICHKEIT!

michael steven

Friedensregeln (II)

Freude suchen!

Resignation vermeiden!

Immer ein Lächeln parat haben!

Entspannung üben!

Durchhaltekraft stärken!

Empfindlichkeit abbauen!

Nörgeln verboten! Kritik erlaubt!

Spaß haben im Leben!

Rechthaberei ablegen!

Eigene Kreativität entdecken!

Gleichgewicht der Gefühle herstellen!

Ernst durch Leichtigkeit ausgleichen!

Lieben und geliebt werden!

Nicht ohne Phantasie leben!

michael steven

"Wir werden das Mögliche zu einer Ordnung nach dem Krieg beitragen" (21. 03. 2003)

Die Ansprache von Bundeskanzler Gerhard Schröder im ARD-Fernsehen am Donnerstagabend

"Liebe Mitbürgerinnen, liebe Mitbürger,

wir haben versucht, den Krieg zu verhindern. Bis zur letzten Minute.

Ich bin sicher: Es hätte einen anderen Weg zur Entwaffnung des Diktators gegeben, den Weg der Vereinten Nationen. Und mich berührt, dass ich mich in dieser Haltung einig weiß mit der großen Mehrheit unseres Volkes, mit der Mehrheit im Weltsicherheitsrat und der Mehrheit aller Völker. Es ist die falsche Entscheidung getroffen worden. Die Logik des Krieges hat sich gegen die Chancen des Friedens durchgesetzt. Tausende von Menschen werden darunter schrecklich zu leiden haben.

Aber dies ist nicht der Augenblick, Schuld zuzuweisen und Versäumnisse aufzulisten. Was uns jetzt zu tun bleibt, muss in die Zukunft weisen: Der Krieg hat begonnen. Er muss so schnell wie möglich beendet werden. Die Bomben fallen. Hoffentlich werden die Opfer unter der Zivilbevölkerung so gering wie irgend möglich bleiben.

Es bleibt dabei: Deutschland beteiligt sich nicht an diesem Krieg. Aber natürlich wird Deutschland nicht abseits stehen, wenn es gilt, den Menschen zu helfen. Wir sind zu humanitärer Hilfe im Rahmen der Vereinten Nationen bereit. Wir sind bereit, Flüchtlingen zu helfen (...) und verletzte Soldaten medizinisch zu betreuen. Und natürlich bleiben wir bereit, unter der Führung der Vereinten Nationen das uns Mögliche zu einer politischen Ordnung nach dem Kriege beizutragen, die hoffentlich eine

Friedensordnung für den Irak und die ganze Region sein wird.

Ich sagte, es ist eine falsche Entscheidung getroffen worden. Dies ist unsere Überzeugung, die klar ausgesprochen werden muss. Und wir teilen diese Überzeugung mit dem französischen Präsidenten Chirac, mit dem russischen Präsidenten Putin und mit vielen anderen (...) Die Differenzen über einen Krieg sind klare Meinungsunterschiede zwischen Regierungen, nicht tiefgreifende Differenzen zwischen befreundeten Völkern. Die Substanz unserer Beziehungen zu den Vereinigten Staaten von Amerika ist nicht gefährdet.

Die Völker der Welt wünschen den Frieden. Sie wünschen die Herrschaft des Rechts, die Grundlage jeder Freiheit ist. Dafür arbeiten wir. Deutschland, das habe ich versichert, beteiligt sich nicht am Irak-Krieg. Aber natürlich wird Deutschland seine Verpflichtungen im Rahmen des Nato-Bündnisses erfüllen.

Liebe Mitbürgerinnen und Mitbürger, viele unter Ihnen, die älter sind als ich, wissen, was Krieg bedeutet. Sie haben ihn erlebt, ja überlebt. Seither herrscht Frieden in unserem Land. Und innere Sicherheit. Diese Sicherheit ist nicht in Gefahr. Zwar kann niemand terroristische Anschläge irgendwo auf der Welt ausschließen, auch bei uns nicht. (...) Aber es gibt in Deutschland keinen Grund zur Panik oder zu besonderer Sorge. Ich versichere Ihnen, dass Bund und Länder alles unternommen haben, um in Deutschland jedes erdenkliche Maß an Sicherheit zu gewährleisten. Darauf können Sie vertrauen.

Ich hoffe gemeinsam mit Ihnen, dass der Krieg im Irak rasch zu Ende sein wird. Ich hoffe es um der betroffenen Menschen willen, gleich ob es sich um Zivilisten oder Soldaten handelt. Und ich hoffe es, weil die Welt ihrer gemeinsamen Zukunft wegen so bald wie möglich wieder zurückfinden muss auf den Weg des Friedens."

Diktatur

Der Diktator, das ist jedem klar,
war in keiner Weise je wunderbar.
er hielt sich für ein Wunder gar,
war schrecklich wie der Russenzar.

Mord und Totschlag, Putsch und Gewalt,
das war dann auch seine ganze Vielfalt.
In dieses Programm investierte er seine Kraft
und hat so sein eigenes dunkles Reich
geschafft.

Einen Spitzelstaat baute er nach und nach auf,
nahm dafür auch Millionen Opfer in kauf.
Menschen verschwanden, wurden nie mehr
gesehen,
den brutalen Folterungen konnte niemand
widerstehen.

Weltweit geächtet und von fast allem isoliert,
funktionierte seine Unterdrückung wie
geschmiert.
Das Volk litt, ungezählt viele Menschen
starben,
Führer und Regime brauchten nicht zu darben.

Kurzfristig gab es sogar Wohlfahrt dort,
die war jedoch schnell wieder fort.
Ob Hitler, Amin, Pol Pot oder Hussein,
für das eigene Volk ist sowieso nichts drin!

Demokratie soll nun das Zaubermittel sein,
mit Bomben hackt man die Diktatur klein.
Nur wie sollen das die Menschen dort
verstehen,
das Freiheit aus Krieg und Gewalt kann
entstehen??!!

michael steven

Rede von Saddam Hussein

Montag, 24. März 2003 (Auszüge)

Der irakische Staatschef Saddam Hussein hat sich am Montag in einer im Staatsfernsehen ausgestrahlten Ansprache an seine Landsleute gewandt.

"Wir wissen - und alle Angehörigen unseres geduldig und mit Gottes Hilfe kämpfenden Volkes wissen - wie sehr wir uns bemüht haben, alles zu erfüllen und in einer Art und Weise (mit den UN-Waffeninspekteuren) zusammen-zuarbeiten, dass uns einige Leute (der Schwäche) beschuldigt haben und überrascht waren, wie geduldig wir mit dem waren, was wir hassen. (...)

Die Gotteskrieger und das großartige Volk des Irak zeigen momentan eine einzigartige Leistung, für die sie von Gott den Sieg verdienen, den er den wahren Gläubigen (im Kampf) gegen die Feinde Gottes und der Menschheit versprochen hat.
(Anders als in früheren Schlachten) ist der Feind diesmal gekommen, um unser Land zu besetzen. Die Amerikaner und Briten versuchen in dieser Schlacht aber auch so weit wie möglich eine direkte Konfrontation zu vermeiden, die sie unserem Beschuss aussetzen würde, und die Luftwaffe vorzuschicken. (...)

Aber diese Bodentruppen drängten sich diesmal in unser Land und nun sitzen sie in der Falle, wo auch immer sie vorstoßen. Sie werden die Wüste hinter sich haben und die auf sie schießende irakische Bevölkerung rundherum. Die (Baath-)Partei, das Volk, die Clans, die Stämme, die Fedajjin Saddam und die Männer der Nationalen Sicherheit haben zusammen mit den Männern der tapferen Streitkräfte eine Vorstellung gegeben, die ihrem heldenhaften Charakter entspricht.

Ja, der Feind ist im heiligen Land des Irak in die Falle geraten, bekämpft von einem großartigen Volk und einer Armee, die Kriegserfahrung hat. So schlagt sie, Ihr heldenhaften Kämpfer, schlagt den Feind, Ihr geliebten Iraker mit dem Geist des Heiligen Krieges, der in Euch steckt. Bringt ihn so weit, dass er nicht mehr in der Lage sein wird, seine Verbrechen gegen Euch, gegen unsere (islamische) Nation und die Menschheit zu verüben - dann werdet Ihr Stabilität und materielles Wohlergehen zusammen mit dem Sieg ernten, und unsere gläubigen Märtyrer werden den Himmel gewinnen."

Es ist ein
Gebot der
rechten
Vernunft, den
Frieden zu
suchen, sobald
eine Hoffnung
auf denselben
sich zeigt.

Thomas Hobbes

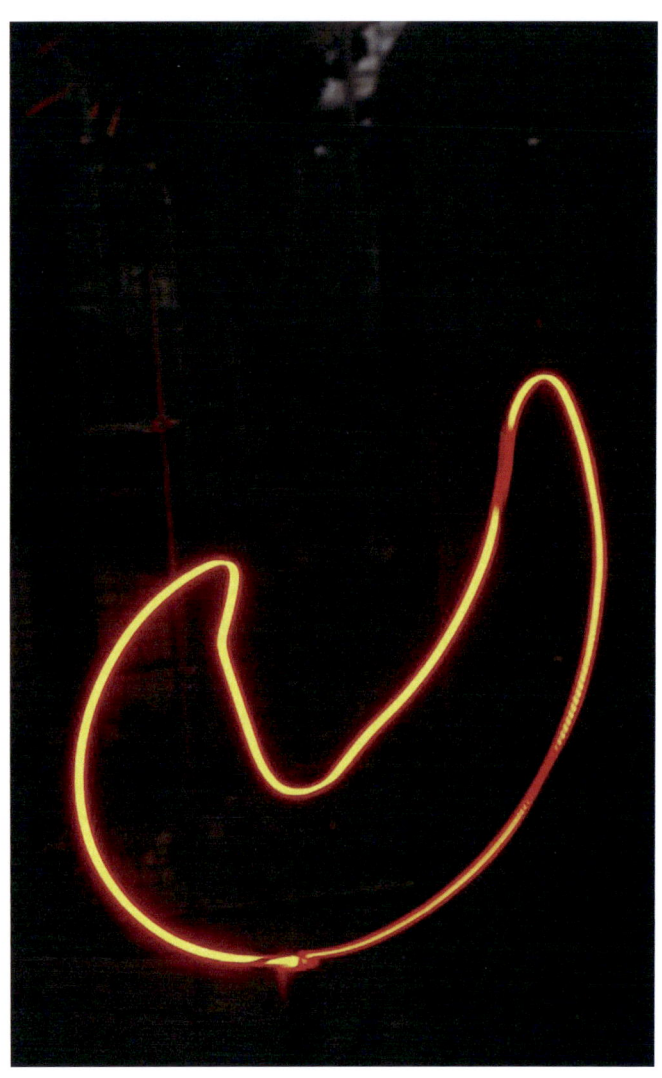

Soldiers

Frische, kräftige, junge Männer,
gesunde, fitte, junge Frauen!

Es geht auf große Fahrt,
weit weg!
Gerecht ist die Sache
und hat ihren Zweck.
Doch bald schon liegen sie im Dreck!
Angst, Schweiß, Tränen, Blut und Kot.
Verletzung, Verstümmelung und Tod.
Mancher sieht nie mehr das Abendrot.
Der Krieg verändert die Menschen
eiskalt
und macht auch vor den jungen nicht
halt.

michael steven

Manche Politiker

meinen

im Leben zu stehen –

obwohl sie

den Kontakt

zum wirklichen Leben

längst

verloren haben.

michael steven

Hier ist Platz für ihre Ideen

?!

Was willst Du?
Frieden, Freiheit, Liebe, Glück!
Was gibst Du?
Alles das auch wieder zurück!
Was hoffst Du?
Eine Welt die den Frieden sucht
Was siehst Du?
Menschen tot und auf der Flucht!
Was forderst Du?
Den Krieg abschaffen, das tut not!
Was weißt Du?
Auch so finden viele Menschen den Tod!
In Milionenfacher Hungersnot!

Es gibt also genug zu tun,
ihr Kriegsherrn bannt eure Macht,
denn wir sollten nicht eher ruh'n
bis alle Menschen mit dem Nötigsten sind bedacht!

michael steven

Diese Welt

Diese Welt geht uns alle an

und Konflikte wird es immer geben.

Diese Welt gehört nicht dem Politikerclan,

wir müssen ohne Kriege lernen zu Leben.

Die Menschheit muß zusammenrücken,

denn sonst entsteht Radikalpotential

niemand darf anderen die Luft abdrücken,

sonst wird die Erde ein Jammertal.

michael steven

Wer Frieden in
der Seele hat,
beunruhigt
weder sich
selbst noch
einen andern.

HUMAN

Nur Menschen
führen Kriege,
löschen Menschen

durch Menschen
aus.

Tiere sind da

viel humaner.

michael steven

Dieser Krieg ist Ausdruck des Scheiterns der Politik

Humanitäre Katastrophe muss vermieden werden

20. März 2003

Erklärung des Vorsitzenden der Deutschen Bischofskonferenz, Karl Kardinal Lehmann, des Vorsitzenden des Rates der Evangelischen Kirche in Deutschland, Präses Manfred Kock, und des Vorsitzenden der Arbeitsgemeinschaft Christlicher Kirchen (ACK), Bischof Walter Klaiber

Dieser Krieg ist Ausdruck des Scheiterns der Politik. Bei allem Verständnis für das Unrecht, das den Vereinigten Staaten durch die Terroranschläge des 11. September 2001 zugefügt wurde, und für die Verletzung ihres Sicherheitsgefühls bedauern wir in unserem Land zutiefst die Entscheidung, mit Waffengewalt anzugreifen. Kirchen und christliche Gemeinschaften wie auch viele Menschen weltweit, die vor einem solchen Schritt gewarnt hatten, empfinden in diesem Moment große Trauer. Denn Krieg soll nach Gottes willen nicht sein. Immer ist er eine Niederlage der Menschheit. Dabei geben wir uns im Hinblick auf das menschenverachtende Regime von Bagdad keinen Illusionen hin. Kein Zweifel darf auch daran bestehen, dass wir die in den USA und Großbritannien gepflegten politischen Werte teilen. Dennoch findet der jetzt eingeschlagene Weg des Blutvergießens unseren Widerspruch.

Denn wir sehen keine ethische oder völkerrechtliche Rechtfertigung für ihn. In dieser Stunde erinnern wir daran, dass auch der Krieg kein rechtsfreier Raum ist. Die Konfliktparteien stehen in der Pflicht, die Zivilbevölkerung während der Kampfhandlungen soweit wie nur irgend möglich zu schonen. Eine humanitäre Katastrophe muss vermieden werden. Auch müssen alle Mittel der Politik ausgeschöpft werden, dem Krieg ein rasches Ende zu bereiten. Unser Mitgefühl gehört allen Opfern: den Toten und ihren Angehörigen, den Verwundeten und den Flüchtlingen. Wir ermutigen die Mitchristen in unserem Land, das Schicksal all dieser Menschen in persönlichem und gemeinschaftlichem Gebet vor Gott zu tragen. Wir appellieren an alle, keine Gelegenheit auszulassen, durch Hilfe das Leiden zu lindern.

Wir bitten alle darum, Kontakt zu halten zu den Kirchen und christlichen Gemeinschaften im Nahen und im Mittleren Osten ebenso wie zu unseren Partnern in den USA. In dieser Stunde zeigt sich auch erneut die Bedeutung des Gesprächs mit unseren muslimischen Nachbarn vor Ort und in der Welt.

Kriegsbörse

Die Gelder rotieren

die Kurse jagen,

jetzt bitte nicht verzagen!

Im Osten Bomben explodieren,

es ging etlichen an den Kragen.

Soll ich den Aktienkauf wagen?

Zehn verreckt im Graben lagen...

michael steven

Aber der Frieden
ist undankbar
und weiß nie,
dass er seinen
Bestand nur dem
Krieg dankt.

Kurt Tucholsky

KRIEG

ist nur dann
zu verhindern,
wenn die Mächtigen
darauf verzichten,
den Schwächeren ihre
Macht zu zeigen:

Im Verzicht liegt
die Quelle des

FRIEDENS!

Und einer muß endlich
damit anfangen...

michael steven

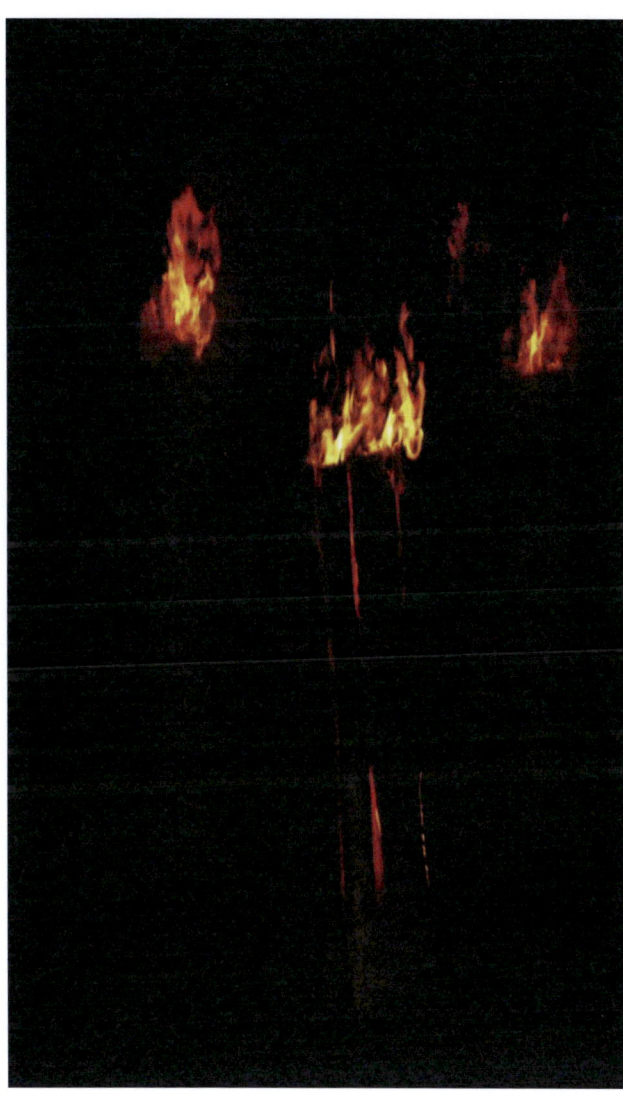

Menschen sterben mal wieder im Krieg.

Im Wohnzimmer flackert
der Bildschirm im Bombentakt.

Irgendwo auf der Welt
schreit einer was von Sieg!

Tausende sterben
angstvoll, brutal und exakt.

michael steven

Hier ist Platz für ihre Ideen

Sie schaffen eine Wüste und nennen es Frieden.

Die Dicke

Sie ist dick und schwer, wo sie hinfällt

gibt's keinen Menschen mehr!

Schauen Sie doch nach

Hiroshima,

war denn da noch einer da?

michael steven

Einige Fakten zu Hiroshima

06. 08. 1945, 8.13 Uhr: Die Besatzung des Boeing B 29-Bombers „Enola Gay" erhält den Befehl, einen Nuklearsprengsatz über Hiroshima abzuwerfen. Zwei Minuten später detoniert die Atombombe, mit einer Sprengkraft von 12.500t TNT in 580 m Höhe über der Stadt Hiroshima. Durch die Explosion und die frei gesetzte radioaktive Strahlung kommen schätzungsweise bis zu 150.000 Menschen grausam ums Leben. Etwa 80% der Stadt Hiroshima werden zerstört.

09. 08. 1945: Die zweite Bombe wird auf die Stadt Nagasaki abgeworfen. Die um 12 Uhr mittags über dieser Stadt explodierte Bombe hat eine Sprengkraft von 22.000t TNT.

Die Druckwelle und die Hitze zerstörte auf einer Fläche mit einem Durchmesser von 5 km sämtliche Gebäude, Häuser und Gegenstände. Durch die Hitze verdampften die Menschen, so dass ihre Schattenbilder der Asche auf übrig gebliebenen Mauern zu erkennen waren. Noch in 10 km Entfernung wurden Bäume und Häuser durch die Hitzewelle in Brand gesetzt und in 15 km Entfernung zerbarsten Fensterscheiben. In den folgenden vier Wochen starben viele Menschen qualvoll an den Folgen der radioaktiven Strahlung, die durch die Bombe und ihre schmutzigen Abfallstoffe frei wurden. Jahrzehntelang bekamen die Menschen in Japan Krebs oder Leukämie als unmittelbare Auswirkung der radioaktiven Verseuchung.

erdöl

ölbohrung
ölförderung
ölhafen
öltanker
ölpest
ölknappheit

Wer Öl hat
HAT MACHT!

ÖLMACHT
ÖLKRIEG
ÖLMACHTKRIEG
KRIEGSMACHTÖL

erdöl

michael steven

Wir werden finden, dass nichts so populär ist wie Frieden, Eintracht und Ruhe.

Marcus Tullius Cicero

PAX AMERICANA

pathetisch

allmächtig

Xanthippisch

alleinherrschend

militaristisch

ekelhaft

richtend

imperialistisch

Chaotisch

abenteuerlich

nationalistisch

anmaßend

michael steven

Bagdad, Irak, April 2003

Die Mächtigen

stürzen,
vor und nach ihren Denkmälern.
Es ist Brandgeruch in der Luft,
der Brandgeruch der Freiheit?
Eine Freiheit, die die Fesseln niederbrennt?
Doch keine Zügel kennt?
Zügellose Freiheit geht in Chaos über.
Niemand weiß mehr, wo oben und unten ist!
Es fehlen in dem Chaos die Koordinaten!
Bislang gab es Koordinaten
der Angst, der Gewalt, der Feindschaft!

UND JETZT?

H A S S breitet sich aus
und viele fühlen sich befreit,
schlagen los,
schlagen zu,
schlagen um sich!

Freiheit, Chaos, Hass, Gewalt -
Gefühle die über lange Jahre
eingeschlossen, weggeschlossen,
mundtot waren.

WER ORDNET UND BAHNT SIE???!

michael steven

Kulturelle Katastrophe

Plünderungen im Irak

- Es gab einmal 170.000 Objekte aus der 7.000jährigen Geschichte des Landes im Nationalmuseum von Bagdad

- Am Mittwoch, den 9. April 2003, übernahmen die US-Truppen die Kontrolle über die Bagdader Innenstadt

- Einen Tag später stürmten Plünderer das Museum im Karkh Bezirk.

- 28 Galerien des Museums wurden gestürmt, ebenso die Kellerräume, in denen sich die meisten Schätze befanden

- Ein großer Teil der Kulturschätze wurde zwar vom Museum registriert, jedoch nur auf Karteikarten, die ebenfalls zerstört oder mitgenommen wurden.

- Neben diesen Kulturschätzen sind auch ein großer Teil der Dokumente über die mesopotamische Geschichte, die in den letzten Jahren erarbeitet wurden, verbrannt. Große Statuen, die nicht transportiert werden konnten, wurden zertrümmert. Augenzeugen schätzten, dass 70 bis 90 Prozent des Museumsbestandes zerstört sind.

- Die US-Truppen haben zwar Panzer zum Schutz des Bagdader Ölministeriums zur Verfügung gestellt, die Museen jedoch mehr oder weniger sich selbst überlassen. Laut Haager Konvention über den Schutz von Kulturgütern im Falle eines bewaffneten Konfliktes hätten die Kriegsparteien auf die Museen Rücksicht nehmen müssen – allerdings haben weder die USA noch Großbritannien die Konvention unterzeichnet.

- Aber vielleicht ist es auch so, dass ein bisschen Plünderung, die eben zum Krieg gehört - wie ein amerikanischer Politiker es formulierte -, offensichtlich gewollt war.

Innere Leere macht auch vor hohen Ämtern nicht halt.

michael steven

Bush,
der Massenvernichter

oder

So könnte es kommen!!

Der Massenvernichter Bush
wollte Massenvernichtungswaffen
vernichten.
Im Irak!
Doch er fand keine!
Im Irak!
Jetzt gibt es für ihn
-angeblich-
ein neues Ziel:
die USA – das eigene Land!
Denn dort gibt es
genügend
Massenvernichtungswaffen,
die der Massenvernichter Bush
vernichten
könnte!
Hoffentlich hält ihn
jemand auf!

michael steven

G E S U C H T

WIRD

George W. Bush

Wahlbetrüger
Volksverhetzer
Kriegsanstifter

Es ist wichtig ihn lebendig zu
fangen, damit die Weltgemeinschaft
ihm und seiner Clique zeigen kann,
was ein fairer Umgang mit einem
gefährlichen Machthaber ist.

Es lebe das Völkerrecht!

michael steven

DER VERSUCH FRIEDEN DURCH KRIEG ZU ERREICHEN, IST WIE EIN BLATT PAPIER SCHWARZ ZU FÄRBEN UND HOFFEN, DASS ES DADURCH WEIß WIRD.

Hier ist Platz für ihre Ideen und Gedanken

Der Friede ist das Meister- stück der Vernunft.

Immanuel Kant

IRAKISCHE INTIFADA

Fast ist sie da,

die Angst kommt nah,

I N T I F A D A.

Ein grausiges Wort,

sahen wir doch

an manchem Ort

zerrissene Menschen,

grausam geschlachtet.

Intifada im Irak

bedeutet Bomben und Tod,

Tag für Tag.

Eine Stimmung macht sich breit,

immer mehr Menschen im Irak sind bereit,

Fanatismus, religiöser Eifer, Hass,

Hoffnungslosigkeit und Wut,

machen den Terroristen Mut.

Einige „schlafen" im Moment.

Doch wer diese Situation verkennt,

merkt nicht

das der Irak schon brennt.

michael steven

Einige Fakten zum Irak-Krieg

des George W. Bush

Zu den getöteten Zivilisten liegen unterschiedliche, nicht gesicherte Daten vor. Von März 2003 bis August 2007 kommen einige Schätzungen auf eine Zahl von über 1 Millionen Menschen. Wen es interessiert, für den lohnt es sich sicherlich mal im Internet zu recherchieren.

Laut der Organisation „Reporter ohne Grenzen!" sind seit Beginn des Krieges im Irak über 200 journalistisch tätige Menschen getötet worden.

Insgesamt sind seit Kriegsbeginn über 4.500 Koalitionssoldaten getötet worden davon weit über 4.000 US-Soldaten

Bei den restlichen getöteten Soldaten handelt es sich um andere Nationalitäten.

Hinzu kommen für die USA über 30.000 verwundete Soldaten seit Beginn des Krieges.

Weit über 20.000 Präzisionsbomben, ungesteuerte Sprengkörper und Marschflugkörper zusammen-gerechnet wurden bei an die 30.000 Einsätzen abgefeuert.

Wirkungen

Wer Krieg predigt
Darf sich nicht wundern,
wenn ihm Bomben entgegengeworfen werden!

Wer sich als Sieger
arrogant verhält,
darf sich nicht wundern,
wenn er nicht verstanden wird.

Wer Hass propagiert
und mit Menschenleben spielt,
darf sich nicht wundern,
wenn er die Achtung der anderen verliert.

Wer Gewalt sät,
darf sich nicht wundern,
wenn der Frieden sich nicht einstellt.

Wer den Frieden will,
muss sich auf einen langen Weg einlassen.
Er ist jedoch die einzige Möglichkeit,
das Leben langfristig zu erhalten.

michael steven

Doch Vietnam?

Alle dachten,
nach Vietnam
soll es
kein Vietnam
mehr geben
für die
Amerikaner.
Und
der Irak
ist nicht
Vietnam.
Doch ähnlich
wie damals
überschätzen
die Amerikaner wohl
ihre Macht
ihren Einfluss
ihre Möglichkeiten
ihre Chancen
ihren Sieg!
Und dann?

Doch Vietnam??!!

michael steven

Mut
zeigt sich
im
Widerspruch

michael steven

Einige Fakten zum Vietnamkrieg

o 1955 lösten die USA Frankreich als Schutzmacht in Süd-Vietnam ab. Mit amerikanischer Rückendeckung wurde dort ein autoritäres Regimeerrichtet, das jede Art von Opposition unterdrückte. Amerikanische Militärberater wurden ins Land geholt, um unter anderem beim Aufbau einer starken Armee zu helfen. Die für 1956 vorgesehenen gesamtvietnamesischen Wahlen scheiterten.

o Ab 1957 begann der südvietnamesische Vietkong ("vietnamesische Kommunisten") gegen das dortige autoritäre Regime und auch gegen amerikanische Militäreinrichtungen mit Guerillaaktionen vorzugehen.
Drei Jahre später schuf sich der Vietcong in der "Nationalen Befreiungsfront von Süd-Vietnam" (Front National de Libération du Viet-Nam Sud, FNL) eine von Nord-Vietnam abhängige politische Organisation.

o Aufgrund zunehmender Angriffe des Vietcong bekräftigten die USA erneut ihre Unterstützung für Saigon. Ende 1962 waren bereits 11.200 US-Soldaten in Süd-Vietnam stationiert, ein Jahr später zusätzliche 5.000.

- Anfang August 1964 hatten nordvietnamesische Torpedoboote unter ungeklärten Umständen am 2. und 4.August zwei US-Zerstörer im Golf von Tonking angegriffen. Dem Angriff waren amerikanische Geheimoperationen gegen Nord-Vietnam vorausgegangen. Der Zwischenfall führte zur Verabschiedung einer Resolution durch den amerikanischen Kongress am 7.August 1964, in der dem Präsident Johnson praktisch die Generalvollmacht zur Kriegsführung gegen Nord-Vietnam erteilt wurde.

- Februar 1965: die USA begannen mit systematischen Bombenangriffen auf strategisch wichtige, militärische und wirtschaftliche Ziele in Nord-Vietnam sowie auf den Ho-Chi-Minh-Pfad in Laos und Kambodscha, über den der Vietcong seinen Nachschub aus dem Norden erhielt. Des Weiteren verstärkten die USA ihre Truppen in Vietnam auf 185.000Mann Ende 1965 und 543.000 Ende 1968. Unterstützt wurden die USA außerdem von Verbänden aus Australien, Neuseeland, Südkorea und anderen Staaten.

- 1967: Trotz großflächigen Bombardements mit Napalmbomben und des Einsatzes des Entlaubungsmittels Agent Orange gelang es den USA nicht, den Gegner militärisch zu besiegen. Im November 1967 gab das Pentagon die Gesamtzahlen der US-Verluste in Vietnam seit Ausbruch des Krieges 1961 mit 15.058 Toten und 109.527

Verwundeten an. Die finanziellen Aufwendungen beliefen sich nach Angaben des US-Präsidenten auf jährlich 25 Milliarden US-Dollar. Angesichts der steigenden Zahl der Opfer wurden in den USA Forderungen laut, den Krieg unter allen Umständen sofort zu beenden.

o Seit dem Beginn der Pariser Verhandlungen 1968 war, mit der Wiederaufnahme der Gespräche zwischen Kissinger und Le Duc Tho, am 4. Dezember 1972 erstmalig das Zustandekommen eines Abkommens in Sicht. Am 16.Dezember stagnierten die Verhandlungen jedoch erneut, und zwei Tage später ordnete Nixon die massive Bombardierung von Hanoi und Haiphong an; diese Angriffe galten als die schwersten des Vietnamkrieges und schockierten die Bevölkerung nicht nur in den USA.

o 23. Januar 1973: Präsident Nixon gibt bekannt, dass ein offizielles Waffenstillstandsabkommen erreicht worden sei. 4 Tage später die Vertreter der USA, Süd-Vietnams, Nord-Vietnams und der Provisorischen Revolutionsregierung Süd-Vietnams ein Abkommen zur Beendigung des Krieges und zur Wiederherstellung des Friedens in Vietnam. Der Waffenstillstand trat offiziell am 28.Januar 1973 in Kraft.

o Die wichtigsten Punkte waren:
   ❖ vollständige Einstellung sämtlicher Kampfhandlungen,

- ❖ Abzug der gesamten Truppen der USA und ihrer Verbündeten innerhalb von 60 Tagen nach Unterzeichnung des Abkommens,
- ❖ Herausgabe der Kriegsgefangenen beider Seiten innerhalb von 60 Tagen,
- ❖ die Anerkennung der entmilitarisierten Zone als einer nur provisorischen und nicht politischen oder territorialen Grenze,
- ❖ die Einsetzung einer internationalen Kontrollkommission zur Überwachung der Einhaltung des Friedens;
- ❖ Verbleib von 145.000 nordvietnamesischen Soldaten in Süd-Vietnam.

- o Ende 1974 begannen die nordvietnamesischen Truppen eine Großoffensive gegen den Süden. Am 21.April 1975 trat Präsident Nguyen Van Thieu zurück und am 30.April 1975 wurde Saigon eingenommen. Am selben Tag kapitulierte Süd-Vietnam gegenüber der Provisorischen Revolutionsregierung der FNL.
Am 2.Juli 1976 wurde mit der Errichtung der Sozialistischen Republik Vietnam der gesamtvietnamesische Staat wieder hergestellt.

Ist die
amerikanische Regierung
unter George W. Bush:
- ein hartgesottenes Betrugskartell?
- eine unverbesserliche Kartenhausbaufirma?
- ein besserwisserischer Einfaltspinselclub?
- ein zielgerichtetes Provokationszentrum?
- ein bigottes Kriegsheil-Predigerseminar?

Kann alles sein!!!

Aber sie ist
auf keinen Fall
eine
respektable
friedliebende
demokratische
Administration

michael steven

Ein irrer Politiker
an der
Spitze eines Staates
macht aus seinem Land
eine
Irrenanstalt.
Befestigt die Grenzen,
schließt alles fest zu.
Und dann
lässt er
seinen
irren Fantasien
freien Lauf:
mordet,
massakriert,
wütet
wie ein Irrer.
Wo sind die Ärzte?
Warten die Pfleger?
Für irre Politiker
an der Spitze eines Staates;
gibt es so etwas nicht!!!

S   C   H   A   D   E!!!

michael steven

Zuletzt siegt immer das Ackerfeld über das Schlachtfeld.

Theodor Fontane

**Frieden
kann auch die
Weiterführung
der Politik
mit den
Mitteln von
Herz
und
Verstand
sein.**

michael steven

Das
Abschlachten
von Menschen
im Krieg
hat sich
seit dem
Mittelalter
kaum verändert.

Wobei sich
die Zahl
der Kriege
auf der Welt
vervielfacht hat.

michael steven

Wer

Frieden will

muss

Frieden wollen.

Und Opfer bringen!

Und Frieden wollen!

Und Opfer bringen!

Und Frieden wollen!

Und...

Und darf

nicht

den Krieg

vorbereiten.

michael steven

KRIEGSZIELSUCHE

Nun suchen
die, sogenannten,
Herren der Welt
nach Begründungen
für Bomben
      Zerstörung
      Tod!
Die Gründe
wechseln!
Ist ja auch egal!
Die die Tod sind
sind Tod!
Und die anderen?
Die werden schon wissen
Warum:
Bomben
Zerstörung
Tod!

ODER   ETWA   NICHT?

michael steven

Plötzlich

steht der Grund
des Krieges
auf den
unsicheren Füßen
von
Mutmaßungen
Befürchtungen
vagen Hinweisen
unklaren Informationen
und
brachte doch bereits
mit Sicherheit
10.000fach
den Tod!!

michael steven

Im Frieden leben erfordert nicht große Worte, sondern viele kleine Schritte.

FAKTEN

Die uns bekannten Fakten,
zwingen absolut zum Handeln:
Wir machen schon mal Krieg!
Denn die ach so harten Fakten,
ändern sich vielleicht.
Und die ach so wahre Wahrheit
Ist gefälscht und zerfällt,
in unbekannte Fakten!!

Doch der Krieg ist schon geschehen
Und die Fakten wurden
nicht mehr gesehen!

michael steven

Krieg

bedeutet

immer

Rückschritt!

Barbarei!

Steinzeit!

Davongekommen?

Rückkehrer!

Im Kopf,

Bilder die schreien und toben.

In der Seele,

Kratzer, Brüche, Bombentrichter.

Im Kopf,

Rennen, Hasten, Schießen, Sterben sehen.

In der Seele,

UNVORSTELLBARES.

Am Körper

oft unversehrt.

michael steven

Wie sinnlos
Krieg ist
erkennt
man
daran,
dass es
nur
Verlierer
gibt.

Die einen liegen
auf dem Schlachtfeld.
Die anderen
kehren nach Hause zurück
und kommen dort
oftmals nicht mehr an.

michael steven

Hier ist Platz für ihre Ideen und Gedanken

Hier ist Platz für ihre Ideen und Gedanken

Warum

lohnt

es

sich

für

den

Frieden

einzutreten?

Vielleicht

darum...

Möge die Straße uns zusammenführen

Möge die Straße uns zusammenführen
und der Wind in deinem Rücken sein.
Sanft falle Regen auf deine Felder
und warm auf dein Gesicht der Sonnenschein.

Und bis wir uns wiedersehen,
halte Gott dich fest in seiner Hand.
Und bis wir uns wiedersehen,
halte Gott dich fest in seiner Hand.

Führe die Straße, die du gehst,
immer nur zu deinem Ziel bergab.
Hab', wenn es kühl wird, warme Gedanken
und den vollen Mond in dunkler Nacht.

Und bis wir uns wiedersehen...

Hab' unterm Kopf ein weiches Kissen,
liebe Kleidung und das täglich Brot.
Sei über vierzig Jahre im Himmel,
bevor der Teufel merkt: Du bist schon tot.

Und bis wir uns wiedersehen...

Bis wir uns 'mal wiedersehen,
hoffe ich, dass Gott dich nicht verlässt.
Er halte dich in seinen Händen,
doch drücke seine Faust dich nie zu fest.

Und bis wir uns wiedersehen...

(Irisches Segenslied)

Anmerkungen:

- Fotos: Michael Steven

- Die Reden und Erklärungen zum Irak-Krieg des George W. Bush sind zeitgeschichtliche Dokumente

- Die Fakten zu Hiroschima, dem Vietnamkrieg und dem Irak-Krieg sind im Laufe von Jahren aus verschiedenen Quellen von mir zusammengetragen worden.

Herstellung und Verlag:
Books on Demand GmbH, Norderstedt
ISBN 978-3-8391-4345-2